Sylvie Girardet et Claire Merleau-Ponty
ont fondé le Musée en Herbe à Paris.
Depuis vingt ans, plusieurs millions
d'enfants sont venus y découvrir
l'art et les sciences en s'amusant.

Nestor Salas est l'illustrateur
de la collection *Salut l'artiste !*

En couverture :

Trois jeunes anglaises à la fenêtre, 1865,
Copenhague, Ny Carlsberg Glyptotek

© Éditions de la Réunion des musées nationaux, Paris, 2007
49, rue Étienne-Marcel, 75001 Paris

ISBN : 978-2-7118-5361-8
JA 10 5361

Enchanté, monsieur
Courbet

Sylvie Girardet

Nestor Salas

Salut
l'artiste

Enchanté, monsieur Courbe

Courbet est un peintre français qui vivait
il y a environ cent cinquante ans.
Il peint les gens et la nature comme il les voit,
sans les transformer ni les embellir.

L'histoire de sa vie s'est mélangée.
Cherche les images qui correspondent aux textes.

a

2. À vingt ans, passionné de dessin,
il vient à Paris pour apprendre
la peinture. Il découvre les peintres
au musée du Louvre, voyage,
installe un petit atelier à Paris,
mais revient très souvent
dans sa campagne natale.

1. Jean Désiré Gustave Courbet
naît le 10 juin 1819 à Ornans,
un petit village de Franche-Comté.
Son père est un riche fermier.
Il grandit entouré de trois sœurs,
Juliette, Zélie et Zoé
et préfère courir dans la campagne
que d'aller à l'école.

b

3. Très vite, Courbet devient célèbre.
Ses tableaux sont admirés et font
scandale à cause de leur réalisme :
Courbet peint à sa façon,
dit ce qu'il pense et parle fort.
Il a beaucoup d'amis mais aussi
beaucoup d'ennemis.

c

d

5. Courbet s'exile en Suisse
où il meurt ruiné et malade
le 31 décembre 1877.

4. En 1870 Courbet se lance
dans la politique et combat
Napoléon III. On l'accuse
d'avoir détruit la colonne Vendôme
à Paris. Il est arrêté et emprisonné.
Il doit rembourser
la reconstruction de la colonne.

e

Quelle époque !

Aide le peintre Gustave Courbet à retrouver son chemin pour arriver à son tableau sans se perdre dans les œuvres des peintres de son époque.

Autoportraits

On connaît bien Gustave Courbet.
Il a peint son portrait sous tous les angles et sous
toutes les coutures : tranquillement assis avec son chien,
affolé, désespéré, amusé, joueur ou rêveur…

*Parmi ces détails du visage de Courbet, retrouve
ceux qui appartiennent à ces deux autoportraits (il y a un intrus)*

Juliette Courbet

Juliette est la petite sœur adorée de Courbet.
Il l'a dessinée endormie à l'âge de 10 ans puis il a fait
ce joli portrait tout en couleur trois ans plus tard.

Dessine et colorie à ta façon la robe
et le décor de la chambre de Juliette.

Une après-dînée à Ornans

Chez Urbain Cuénot, un ami de Courbet, le repas est terminé
Place à la musique !
Le père de Courbet s'endort doucement.
Le chien semble également avoir très bien dîné.

Retrouve les objets qui appartiennent au tableau.

Les cribleuses de blé

La famille de Courbet est en plein travail !
Sa sœur Zoé secoue énergiquement le blé dans
un grand van pour séparer les grains de la paille. Juliette,
fatiguée, travaille à la main. Désiré, le fils du peintre,
observe la machine à trier comme un petit curieux.

Parmi ces silhouettes, retrouve celle de Zoé.

Les paysans de Flagey

revenant de la foire

Courbet retourne souvent peindre en Franche-Comté, sa région natale. Ces paysans rentrent de la foire, leur barda à la main, sur le dos et sur la tête. Peut-être y ont-ils acheté une ou deux vaches. Vois-tu les personnages qui marchent au loin ?

Certains de ces animaux ne sont pas sur le tableau. Lesquels ?

Bonjour,

monsieur Courbet !

Son chevalet pliant et sa boîte de peinture sur le dos, Courbet marche vers son ami, Alfred Bruyas, un grand collectionneur de tableaux. Le domestique d'Alfred Bruyas semble très impressionné par cette rencontre !

Imagine la conversation entre le peintre,
son mécène et le domestique.

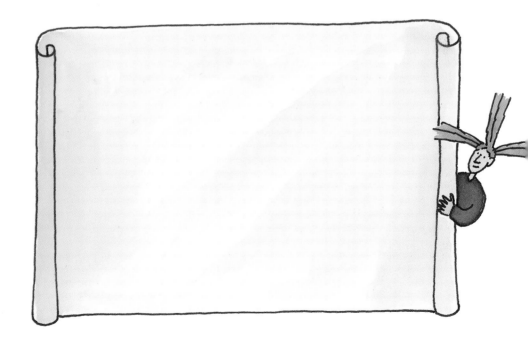

Le grand atelier

Ces personnages
se sont échappés
de l'atelier de Courbet.
Retrouve-les
sur le tableau.

1

2

3

4

5

6

7

8

G. Courbet

Dans cet immense tableau, Courbet imagine une foule réunie
dans son atelier parisien. À sa droite ce sont ses amis,
à sa gauche des personnages qui ont inspiré sa peinture.

Les demoiselles
des bords de la Seine

Ces deux femmes, joliment habillées,
se reposent au bord de l'eau après un bon déjeuner
et une promenade en barque.

Retrouve, parmi ces sacs,
celui qui est posé près de l'arbre.

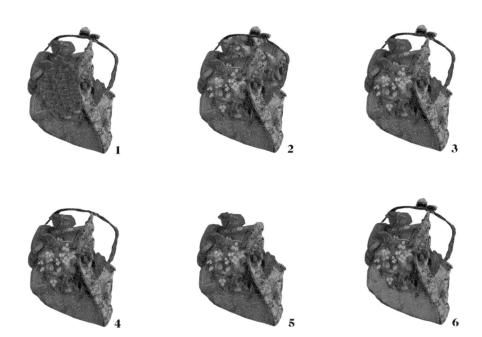

Trois jeunes anglaises

à la fenêtre

Courbet peint les gens comme ils sont :
riches ou pauvres, beaux ou laids, avec des grands nez,
des grosses mains, bien ou mal habillés…

Ces trois petites filles sont bien jolies !

*Retrouve sur cette palette les couleurs éclatantes
qu'il a utilisées pour ce tableau.*

La corbeille de fleurs

Courbet est un amoureux de la nature.
Les animaux, l'eau, les arbres, les fruits et les fleurs
envahissent parfois ses tableaux.

 1
 2
 3
 4
 5

Le treillis

*Retrouve
de quel bouquet ces fleurs
se sont échappées.*

 6
 7
 8
 9
 10

L'hallali du cerf

En hiver, Courbet participe à de grandes chasses en Franche-Comté. Ce pauvre cerf, épuisé, entouré par la meute de chiens, est à la merci des chasseurs.

Sept erreurs se sont glissées dans cette copie du tableau.
Essaie de les retrouver.

Les vagues

Courbet est fasciné par le ciel et la mer.
Il peint ces énormes vagues, dans le vent et la tempête,
à l'abri d'une petite baraque sur la plage.

Retrouve à quels tableaux
appartiennent ces détails.

Titre caché

Tu retrouveras le nom d'un célèbre tableau
de Gustave Courbet en faisant ce rébus.

Noms de famille

*Les prénoms de Courbet, de ses sœurs
et de son fils se cachent
dans cette grille. Cherche-les.*

A	J	U	L	I	E	O	T
G	U	S	T	A	V	E	O
U	L	I		Z	O	E	P
I	I	S		O	U	X	E
Z	E	L	I	E	B	O	N
A	T	H	U	R	P	O	L
U	T	H	E	O	P	H	I
D	E	S	I	R	E	L	U

Bric à brac

Tu es maintenant un spécialiste
de la peinture de Gustave Courbet.

Reconnais-tu de quels tableaux ces détails se sont envolés ?

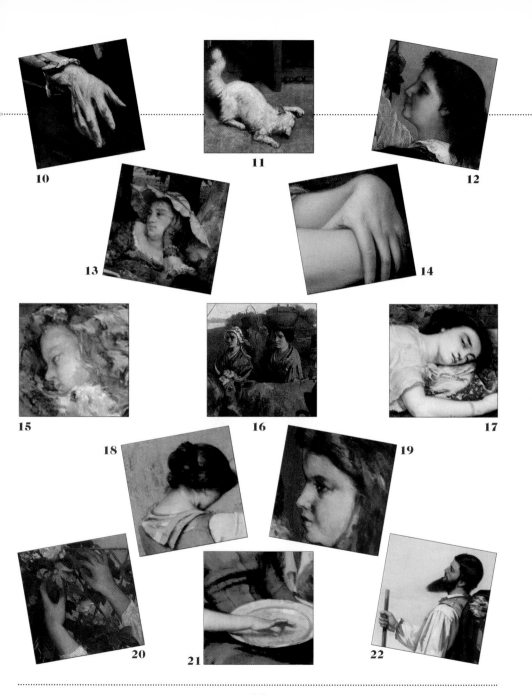

10

11

12

13

14

15

16

17

18

19

20

21

22

Solutions

p. 4-5:
1 : e – 2 : c – 3 : a,
4 : d – 5 : b.

p. 6-7:

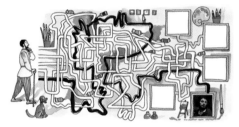

p. 8-9:
Les détails nᵒˢ 1, 4, 9 et 11 :
l'autoportrait de la page 9.
Les détails nᵒˢ 3, 5, 7 et 10 :
l'autoportrait de la page 8.
Les autres appartiennent
à l'intrus.

p. 12-13:
Les objets
nᵒˢ 5, 7,
8, 9 et 11.

p. 14-15:
La silhouette nᵒ 5.

p. 16-17:
Les animaux
nᵒˢ 1 et 3.

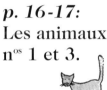

p. 20-21 :

p. 22-23 :
Le sac nᵒ 3.

p. 24-25 :

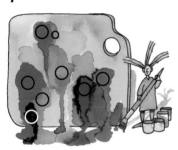

p. 26-27 :
Les détails n°s 2, 5, 6, 7, 9 et 10 appartiennent au tableau *La corbeille de fleurs.* Les détails n°s 1, 3, 4, et 8 appartiennent au tableau *Le treillis.*

p. 28-29 :

p. 30-31 :
Les détails n°s 1, 3, 5 et 7 appartiennent au tableau du bas. Les détails n°s 2, 4, 6 et 8 appartiennent au tableau du haut.

p. 32 :
Bon-jour-meuh-cieux-cours-B
p. 33 :
Gustave, Juliette, Zoé et Désiré.

p. 34-35 :
Retrouve les détails
page 9 : n°s 4 et 10
page 11 : n°s 8 et 14
page 15 : n°s 3, 18 et 21
page 17 : n°s 9 et 16
page 19 : n°s 7 et 22
pages 20-21 : n° 11
page 23 : n°s 5, 13 et 17
page 25 : n°s 2, 15 et 19
page 26 : n° 1
page 27 : n°s 12 et 20

Crédits photographiques

Directeur des éditions
Pierre Vallaud

Chef du département du livre
Catherine Marquet

Responsable d'édition
Marie-Dominique de Teneuille

Conception graphique
et maquette
Joëlle Leblond

Fabrication
Isabelle Floc'h

Photogravure
Edilog à Paris

Cet ouvrage a été achevé d'imprimer
en septembre 2007 sur les presses
de l'imprimerie Mame à Tours, en France

Dépôt légal : septembre 2007
ISBN : 978-2-7118-5361-8
JA 10 5361